# MÉMOIRE

SUR

# LE LIBRE ÉCHANGE,

PAR M. LE DOCTEUR JÆNGER.

La question du libre échange préoccupe vivement les économistes. Evoquée en Angleterre dans la lutte entre les intérêts agricoles et manufacturiers, elle a été importée en France, où elle divise également les différentes classes de producteurs. L'agitation qu'elle éveille à son origine et dans sa marche, prouve qu'elle touche aux intérêts les plus vivaces de la société. Ce fait est d'une telle importance qu'il mérite l'examen le plus sérieux. C'est dans ce but que la Société d'Agriculture du Haut-Rhin lui a voué toute son attention et l'a mis à l'ordre de ses discussions.

Dans cette étude il importe tout d'abord de bien déterminer le point où il convient de se placer.

Le caractère de cette question est de toucher à la fois et aux intérêts particuliers et aux conditions générales d'ordre et de bien-être de la société. De là deux manières de l'envisager.

Traitée au point de vue rétréci et exclusif des intérêts particuliers et des industries isolées, elle tend à diviser les économistes en deux camps opposés, dont l'un renferme les libre-échangistes, et l'autre, les hommes qui prennent le titre de protecteurs du travail national. Ces deux partis se trouvent en face et se disputent la victoire; une décision favorable à l'un sera une injustice pour l'autre. Le débat conduit ainsi ne peut donner de solution satisfaisante.

Plaçons-nous sur un terrain plus élevé et plus compréhensif, qui domine la question du bien-être général et celle des intérêts particuliers.

L'échange constitue une fonction importante dans l'économie sociale. Il a pour but de transmettre aux consommateurs les produits du travail des producteurs ; il se trouve ainsi au service des intérêts matériels généraux de la société. Pour comprendre son rôle et son mode d'action, et apprécier l'importance de la lutte dont il est l'objet, posons d'abord les principes d'économie sociale qui donnent la clé pour résoudre les questions relatives aux intérêts matériels des peuples ; puis examinons comment l'échange fonctionne dans les conditions sociales actuelles. Eclairés par cette étude comparée, il nous sera permis de juger quel est son but utile et si pour l'atteindre, il suffit d'étendre ou de restreindre sa liberté d'action. Nous déduirons de là la valeur de la lutte qui agite si vivement les esprits.

Dans toute société l'économie matérielle pivote sur trois faits généraux ; la *production*, la *consommation* et la *distribution* des produits devant réaliser le bien-être matériel des populations. Examinons quel doit être le rôle de chacun de ces faits dans une société organisée conformément au but indiqué par la science.

La *production* repose sur le travail d'un peuple. Pour remplir régulièrement sa fonction et donner la plus grande somme de produits en quantité et en qualité, il importe que le travail soit entouré de conditions favorables, qu'il puisse disposer librement de toutes les forces productives et qu'il les emploie dans une bonne combinaison. A cette fin, le travail doit organiser ses forces en vue d'utiliser le génie natif et les dispositions industrielles de chaque peuple, ainsi que les conditions spéciales et les ressources naturelles de chaque région. Or les forces de production sont : l'ensemble des matériaux, instruments, terres, capitaux, qu'on appelle collectivement le *capital.* Ce capital constitue l'instrument de production ; mais il ne fructifie qu'à la condition d'être fécondé par le *travail.* Pour que cette fructification soit puissante, il faut que l'action du travail sur le capital soit dirigée avec talent et intelligence ; de lá trois facteurs comme éléments de production, le *capital*, le *travail* et une *direction intelligente*, dont il importe de combiner et d'organiser l'action. La meilleure organisation de ces forces réalisera la perfection du travail de production.

La *consommation* exige dans son état régulier que chaque membre de la société soit consommateur. Mais comme on ne peut consommer que des produits, chacun doit être producteur et recevoir une part équitable dans la répartition des produits. Cette répartition est indispensable, elle est pour chacun la sanction du droit de vivre, et la justice exige qu'elle soit proportionnelle au concours et à la production, autrement il y aurait spoliation.

*L'échange* ou la distribution des produits constitue le 3e fait économique ; il est nécessité par la condition suivante : chaque individu comme chaque peuple ayant des besoins matériels très-variés et ne trouvant pas dans sa production spéciale tous les objets nécessaires à cette variété de besoins, il en résulte que chaque individu et chaque nation doit faire appel à des producteurs étrangers pour obtenir le complément de sa consommation. C'est ainsi que s'établit entre individus et nations un lien providentiel de solidarité économique. Le rôle de l'échange fondé sur cette base est d'arriver à une extension embrassant toutes les nations, et de pourvoir chaque point du globe de la plus grande variété de produits avec garantie contre toute sophistication et exagération de prix.

Cette étude du rôle normal des trois faits capitaux de l'économie sociale nous fournit un point de comparaison avec la réalité présente. Descendons maintenant à l'examen de cette réalité.

Si nous scrutons les conditions dans lesquelles a lieu la production, nous voyons que les trois éléments producteurs, loin de combiner leur action, se trouvent au contraire dans un état de divergence et d'opposition d'intérêts. Le capital impose la loi. Il résulte de ce défaut d'harmonie que le mécanisme producteur fonctionne péniblement, et que la quantité de produits ne répond pas à la virtualité des forces de production. De là indigence et pénurie ; la société ne produit pas assez pour satisfaire les besoins matériels de ses membres ; et l'état d'indigence de la majorité est encore aggravé par une vicieuse répartition. Aussi Malthus, qui a vu ce fait, l'interprétant sans en rechercher la cause, a-t-il été conduit à cette conséquence anti-sociale : *L'homme qui n'a rien et ne peut produire, n'a droit à rien, il est de trop sur la terre ; pour lui il n'y a plus de place au banquet de la nature ; celle-ci lui dit de s'en aller, et dans la majorité des cas elle exécute son arrêt.*

Cette proposition qui blesse tout sentiment de charité, constitue à elle seule l'accusation la plus grave contre votre régime économique. Mais dans ce désordre l'homme qui n'a pour toute fortune que son travail, n'est pas le seul qui souffre. Les propriétaires fonciers, les chefs d'industrie ne pouvant à eux seuls subvenir aux travaux qu'ils entreprennent, sont forcés de s'adjoindre des travailleurs salariés ; de là pour eux une source de tribulations qui peuvent conduire à la ruine par l'ignorance, la paresse, l'incurie, l'esprit d'hostilité de la part d'aides non intéressés directement au succès de l'entreprise. Joignez à ces maux les angoisses résultant de la lutte de concurrence, et vous ne serez pas étonnés que l'entrepreneur menacé dans son existence, cherche à se défendre, tantôt par une honteuse altération des produits, tantôt par la réduction du salaire ; il trompe le consommateur, ou il refoule l'oppression sur le travailleur qui lui répond par un surcroît de récriminations hostiles.

C'est ainsi que s'établit et s'enchaîne un cercle vicieux entre le désordre des éléments de production et la misère des producteurs.

Quel sera le caractère de la consommation dans ces conditions vicieuses de notre état économique. Si vous considérez que le capital en divergence avec le travail et le talent fait la loi ; que dans cette position il se trouve mal secondé et souvent paralysé dans son action, d'où résulte une diminution de produits ; que d'un autre côté il est incessamment menacé dans une lutte de concurrence, il est évident que, forcé de défendre son existence, dans la répartition des produits, il s'adjugera la part du lion. Mais comme on ne consomme que des produits, et la part qui revient à la grande majorité des travailleurs étant souvent réduite à un minimum d'existence, il arrive que le grand nombre est en permanence lésé dans ses besoins, et qu'à la moindre perturbation exceptionnelle dans la production vous voyez des bandes d'êtres affamés dont la réaction subversive peut menacer l'ordre social. Dans ce désordre l'on voit encore que, la consommation étant bornée chez la majorité, il survient des engorgements de produits et des stagnations périodiques du travail, et qu'ainsi au milieu de la gêne et de la pénurie générales peut se trouver l'abondance factice.

Pour compléter cette esquisse du désordre de notre constitution économique, jetons un regard sur la distribution ou l'échange des produits.

Dans l'état normal, le rôle de l'échange est de se faire agent de transmission des produits du producteur au consommateur. L'échange a dévié de ses fonctions de simple intermédiaire pour se faire propriétaire détenteur des produits et des denrées. Il résulte de cette usurpation qu'il lui est loisible d'altérer la qualité première des produits, qu'il peut tromper le consommateur et compromettre la probité et la réputation du producteur. Celui-ci, tombé dans la gêne, subit la dépendance de l'intermédiaire, et peut être forcé d'entrer avec lui dans une connivence immorale et préméditée pour altérer les produits. L'intermédiaire exploite ainsi le producteur et le consommateur; c'est une sangsue qui se gorge par les deux extrémités.

Mais exalté par la soif des richesses, l'intermédiaire aspire souvent à de plus hautes destinées. Muni de puissants capitaux, il opère des accaparements; alors dans sa toute-puissance malfaisante, tantôt séquestrant les produits, il affame et épuise les masses par les hausses factices; tantôt inondant subitement le marché, il provoque des baisses qui jettent la perturbation et la ruine dans la production. Nous signalons ces faits comme effets de déviation d'une fonction sociale par elle-même très-importante; nous y voyons un signe de plus de la constitution vicieuse de notre régime économique.

Considéré dans sa liberté d'action, l'échange éprouve une gêne à l'intérieur par l'octroi, et une limitation dans ses rapports internationaux par les tarifs et la prohibition de la douane. Ces deux restrictions ont leur cause, d'un côté dans la pénurie fiscale; de l'autre dans la protection que la loi accorde à quelques branches du travail national. Il est prélevé ainsi un impôt sur le consommateur au profit, tantôt de l'administration gouvernementale et municipale, tantôt de quelque classe de production.

Ce genre de ressources fiscales a été souvent et vivement attaqué; il entrave certaines branches de production, gêne la circulation des produits, et provoque la fraude et la sophistication au détriment de la production honnête et laborieuse. De plus il est extrêmement dispendieux dans son prélèvement.

La protection du travail national par les tarifs ou la prohibition de la douane, a été adoptée par toutes les nations de l'Europe. Mais ce genre de protection ayant été établi spécialement en vue des nécessités amenées par l'état d'hostilité des peuples, sans appréciation préalable des conditions naturelles de prospérité, il s'est produit un développement industriel, assis pour certaines branches de production sur des bases mal calculées. Ces conditions défavorables étant en grande partie naturelles et persistantes, les industries qui les subissent, abandonnées à leurs propres forces, n'auraient pas chance de vie ou ne lutteraient que péniblement contre la concurrence étrangère. Les protectionnistes demandent pour les industries le maintien des tarifs douaniers, invoquant la nécessité de protéger le travail national.

D'un autre côté la longue période de paix dont jouit

l'Europe, ayant favorisé l'activité de la production, et l'écoulement des produits se trouvant entravé par les lignes douanières, il en est résulté une gêne dans le mécanisme industriel et des encombrements de produits. Ces engorgements sont surtout fréquents et considérables en Angleterre où le mouvement industriel favorisé par des circonstances locales exceptionnelles a pris un développement extraordinaire. Aussi est-ce de ce pays qu'est sorti le cri de libre échange, c'est-à-dire la demande pour l'Angleterre de déverser sur les marchés du monde ses produits accumulés. Les théoriciens du libre échange appuient leur doctrine sur les intérêts du consommateur qui devront être favorisés par la réduction des prix amenée par la concurrence.

Je me borne à ce peu de détails sur l'état de notre régime économique; ils suffisent pour démontrer qu'il y existe une grave perturbation, et que le mal réside, non dans l'un des rouages, mais dans l'imperfection de l'ensemble du mécanisme.

Éclairés par l'étude que nous venons de faire des faits économiques, essayons de porter un jugement sur les systémes opposés de la protection et du libre échange.

La protection est invoquée pour protéger et activer le travail national, et garantir des intérêts qui se sont développés sous l'égide de la loi. Cette cause est certainement légitime. Mais remarquons que la protection sollicitée constitue un impôt prélevé sur le consommateur. Cet impôt, en bonne économie, doit être considéré comme un don à titre d'encouragement que la nation fait à certaines branches de travail pour augmenter ses forces de production. Dés-lors cet encouragement doit être placé avec discernement et avoir une durée limitée;

car il y aurait déraison économique à le rendre permanent pour soutenir un genre de travail qui serait condamné à l'infériorité par des conditions naturelles défavorables, conditions qui le rendraient à jamais impuissant de rivaliser avec le travail étranger similaire. Il n'y a donc utilité réelle pour un pays à protéger une branche de travail national, qu'autant que ce travail a chance de se soutenir de ses propres forces dans un temps limité. La protection nationale est subordonnée à cette haute raison de régime économique. C'est là une vérité que les protectionnistes doivent prendre en sérieuse considération, s'ils ne veulent, par l'étroitesse d'un esprit d'exclusion, encourir le reproche d'égoïsme et compromettre les intérêts légitimes du principe qu'ils défendent.

C'est contre l'immobilisme des défenseurs de la protection, que les champions du libre échange lèvent la bannière au nom des intérêts de la consommation, lui faisant espérer un abaissement de prix par la concurrence résultant de la liberté commerciale.

Il y a dans cette opinion une bonne intention appuyée sur un principe vrai en théorie abstraite. Mais n'oublions pas que tout principe, pour donner de bons résultats, doit se développer dans des conditions appropriées à son but. Toute la question est donc de savoir si les conditions économiques de la société actuelle présentent ce caractère. Rappelons-nous que dans l'étude que nous avons faite de notre état économique présent, nous avons constaté que les éléments de production sont en lutte et en discordance. Cette lutte n'existe pas seulement entre les éléments de production et les industries à l'intérieur; elle se produit aussi, et sur de plus larges proportions, entre les nations. Donc dans le domaine de la production, guerre à l'intérieur, guerre à l'extérieur.

Vous savez ce qui arrive dans une guerre; le fort triomphe, le faible succombe. Levez les barrières, établissez la liberté commerciale, les combattans vont se trouver en présence. Pour connaître le résultat de la lutte, citons un exemple: l'Angleterre, avancée dans la carrière industrielle et favorisée par des circonstances locales, obtient un bon nombre de produits au meilleur marché; elle va inonder le continent de ses produits. Les industries indigènes similaires soutiendront le choc pendant quelque temps; mais l'Angleterre produisant au meilleur marché, se résoudra à faire un sacrifice et vendra au-dessous du prix de revient, pendant le temps nécessaire pour anéantir les industries rivales. Ce fait accompli le vainqueur relèvera les prix pour réparer ses pertes. C'est ainsi que la ruine du plus faible sera suivie de la déception et de l'exploitation du consommateur au profit du plus fort. Non que nous disions que tous les genres de production péricliteront vis-à-vis de l'Angleterre; mais la lutte existera entre tous les peuples pour les produits similaires; il y aura dans chaque pays partiellement des vainqueurs et des vaincus sur le champ de bataille industriel, et de chaque côté le nombre des victimes sera en raison directe de la faiblesse des ressources et du peu de développement et d'habileté dans le travail. L'Anglais, étant le plus fort par la masse des capitaux, les conditions naturelles favorables et le progrès de l'industrie, restera en définitive vainqueur prédominant. Cette lutte sera, dès le principe, désastreuse pour le simple travailleur, en ce qu'elle nécessitera la diminution du salaire jusqu'au moment où l'ouvrier sera congédié par la ruine de l'entrepreneur. De là un nouvel aliment pour le paupérisme et un nouveau danger pour l'ordre social. C'est ainsi qu'un principe vrai en soi, appliqué dans l'ignorance des circonstances appropriées, amène le désordre général, provoque la ruine du plus grand nombre et l'inféode à la domination du plus fort.

Résumant notre jugement sur les deux partis opposés des économistes, nous critiquons chez les uns un immobilisme illibéral et peu intelligent; chez les autres les dangereuses illusions d'une liberté anarchique. Nous pensons que l'agitation provoquée par la question du libre échange est un signe éclatant de la perturbation de notre régime économique dans son ensemble, et l'indication pressante d'y porter remède. Nous croyons que ce qu'il y a de légitime d'un côté et de progressif de l'autre, ne peut recevoir une satisfaction régulière basée sur des moyens efficaces et bien calculés, que dans un système qui active et régularise la production et introduise l'équité dans la répartition. Ce système donnant une plus grande somme de produits, aura pour effet d'augmenter le nombre et le bien-être des consommateurs, et assurera progressivement à l'homme le pain quotidien que la prière divine lui dit de demander depuis dix-huit siècles. C'est dans cette direction que nous aimerions voir s'engager les investigations des économistes, pour arriver à la détermination des moyens qui feront converger vers le bien-être des masses notre activité économique. Posée à cette hauteur, la question est vaste et complexe. Il ne peut entrer dans notre plan de la traiter avec détail; nous devons nous borner à donner les indications générales.

Etablissons d'abord ce fait: *la France est pauvre!* En

effet, la statistique de la production affirme que si les valeurs produites par année étaient réparties également entre tous, la part de chaque Français serait par jour de 55 centimes. Cette somme est évidemment insuffisante pour les besoins de la vie. Mais si l'on considère en outre que dans l'état actuel des fortunes, quelques-uns ont des revenus considérables, il faut bien en conclure que le bien-être des uns est compensé par l'aggravation de la misère des autres. Donc, par suite d'une production insuffisante, il y a en France une masse d'êtres humains qui souffrent de privations, et, pour la majorité, les souffrances sont aggravées par une vicieuse répartition des richesses. Toutefois, dans cet état de gêne, nul ne prétend avoir trop, mais beaucoup se plaignent d'avoir trop peu. Le remède au mal ne consiste pas à prendre au riche pour donner au pauvre; ce moyen ne ferait que généraliser les privations; pour cette raison, l'aumône n'est qu'un palliatif temporaire et impuissant. Le salut ne peut se trouver que dans une augmentation de la production, et dans une équitable répartition des produits. C'est là le grand problème de l'époque; de sa solution dépend la sécurité du riche et l'amélioration du pauvre.

Pour que le travail puisse donner une augmentation de produits, il est indispensable qu'on l'entoure des circonstances les plus favorables; qu'on mette à sa libre disposition les éléments qu'il peut utilement employer; qu'on lève les entraves qui le gênent; mais surtout qu'il trouve une bonne combinaison ou organisation pour développer ses forces et régulariser son action.

Si nous devions ici entrer dans quelques détails spéciaux et bornés à l'agriculture, nous dirions combien sont indispensables à sa prospérité, la réduction du prix du sel, la répartition équitable des impôts et proportionnelle à toute fortune, de nature quelconque; un régime des eaux sagement ordonné et approprié aux irrigations; le reboisement des montagnes; une bonne viabilité rurale et vicinale; la généralisation de l'enseignement théorique et pratique des connaissances agricoles; pour les villes et les campagnes, des crèches, des salles d'asile; et pour l'éducation professionnelle, la fondation d'asiles agricoles.

L'agriculture éprouve aussi un besoin urgent d'un bon système de crédit foncier, qui convertisse en capital roulant et circulant, le capital fixe et stable représenté par le sol; sur ce sujet nous croyons que les travaux de MM. Gastaldi, Cieskowski, Vidal et autres commandent une sérieuse attention. Elle demande la réduction de l'octroi dont le chiffre trop élevé réduit la consommation et favorise la fraude et la sophistication. Elle croit indispensable la révision des tarifs de la douane, dont l'élévation mal calculée nuit au régime économique de tous les peuples et devient une prime à la contrebande; ce travail doit être entrepris en vue d'étendre le commerce international; le calcul de réduction et de suppression des tarifs aurait pour but de garantir les intérêts réciproques de la production et de la consommation entre les pays échangeants. Ici la France agricole réclame qu'on prenne en sérieuse considération la question des bestiaux, des céréales et surtout les intérêts vinicoles si importants et si gravement lésés. L'agriculture est exposée plus que toute autre industrie à de nombreux désastres, tels qu'incendies, épizooties, dévastations des récoltes par les intempéries. Contre ces sinistres elle désire un système d'assurances concentré par la foi entre les mains du gouvernement; ce système, par sa réalisation, peut seul présenter à l'assuré des garanties d'économie et de solidité; il serait aussi pour l'État une ressource financière, sans lésion grave pour la production.

Ce sont là quelques-uns des besoins dont l'urgente satisfaction est réclamée pour créer à l'agriculture des conditions de développement plus favorables et augmenter sa force de production. Mais ce qui lui fait surtout défaut, et ce qui constitue son infériorité, c'est une bonne organisation de ses forces, qui régularise et puissancie son action. Ici se présente naturellement la question de l'organisation du travail. Cette idée a pris depuis quelques années une place importante dans le domaine intellectuel; mais aussi pour bien des esprits elle n'a pas encore de signification précise et bien arrêtée. Pour dissiper le vague, examinons ce qui constitue l'organisation vraie.

Dans cette recherche, empruntons nos données à la nature. Nous voyons chaque fois que celle-ci organise, et spécialement des êtres dont la vie est destinée à prendre un certain développement, qu'il se trouve dans ses œuvres un plan bien arrêté. Nous y reconnaissons un arrangement, qui combine et dispose les forces dans un rapport convergent sur un centre qui est pivot de l'action et dirige les efforts sur le but à atteindre. Dans cette disposition chaque organe exécute son travail, accepté avec liberté et accompli avec précision. Dans l'œuvre commune chaque organe obtient un avantage, en participant au produit dans la proportion de sa coopération. De sorte que les principes ordonnateurs de l'organisation naturelle sont : *l'ordre*, la *liberté* et la *justice*. Partout où l'homme a introduit l'organisation, il a imité plus ou moins bien les règles suivies par la nature ; et ses organisations les plus complètes et les plus solides, sont celles où il est parvenu à réaliser le plus heureusement les données réglementaires de la création.

C'est avec les forces organisées que l'homme produit la plus grande puissance d'action. Un germe d'organisation introduit dans la grande industrie constitue sa supériorité de production sur l'action incohérente de l'agriculture. Voulez-vous connaître la différence de forces entre l'organisation et le désordre, même dans l'œuvre de destruction, rappelez-vous la mémorable bataille d'Isly, où 10,000 Français en organisation compacte, ont mis en déroute des hordes de Barbares d'une grande supériorité numérique, se présentant au combat en ordre confus. Par ce seul fait vous reconnaîtrez la supériorité de l'organisation sur le désordre et la confusion.

Maintenant vous accepterez sans peine que si l'organisation était introduite dans le travail de production, les forces de l'agriculture et de l'industrie seraient énormément puissanciées et que les résultats en seraient prodigieux. C'est pour cette raison que dans l'état de dénuement des peuples, où les résultats de la production ne sont pas en rapport avec l'accroissement de la population, où une foule d'êtres humains souffrent et meurent de privations, la solution du problème de l'organisation du travail est de la plus haute importance pour toutes les classes de la société. Qu'il soit donc fait un appel solennel à la science pour élucider ce problème, et que, si des solutions sont données dans le domaine de l'intelligence, l'État en ordonne la vérification pratique, dans des limites restreintes qui ne puissent compromettre l'ordre existant? Qu'on n'espère pas des améliorations dans notre régime économique de l'action du temps, dont l'efficacité est toujours lente et souvent incertaine; mais que, saisie de l'esprit de charité, la volonté intelligente de l'homme intervienne activement pour faire éclore les bons germes que le temps tient en incubation!

Nous venons de donner quelques indications générales sur les moyens d'activer et de régulariser le travail de production. Cette fonction étant de haute utilité publique, à ce titre, c'est au pouvoir social à prendre l'initiative pour provoquer, soutenir et diriger son action.

Les peuples comprennent instinctivement que les rapports d'hostilité qui les divisent doivent faire place à des relations amicales basées sur des avantages réciproques. Que les chefs des nations s'inspirent de ce sentiment qui renferme un monde nouveau! Si jusqu'ici leur activité a été en grande partie absorbée par les luttes d'antagonisme et les nécessités de la guerre, qu'aujourd'hui ils la consacrent à diriger et féconder le travail pacifique et producteur. Entrant dans cette voie, l'action du gouvernement produirait le salutaire effet de resserrer le lien traditionnel de protection et de solidarité d'intérêts qui existe entre la royauté et le peuple. Cet accord est d'autant plus désirable qu'aujourd'hui, à l'exemple des grandes individualités de la féodalité nobiliaire, la force des capitaux concentrés entre les mains de puissantes compagnies, peut devenir également menaçante, et pour les prérogatives de la fonction royale, et pour la liberté et le bien-être des masses.

L'organisation de ce mouvement exige l'institution d'un ministère spécial pour les affaires d'économie sociale. A ce centre devront être rattachés des sous-centres de direction établis par zones agricoles et industrielles. Ceux-ci se trouveront en rapport direct dans chaque département avec un conseil des affaires économiques dirigé par le chef d'administration, et éclairé dans ses opérations par des ingénieurs et inspecteurs du mouvement économique. Les sociétés savantes dans chaque localité coordonneront leurs travaux à cette direction, en s'occupant spécialement de l'analyse détaillée des besoins de l'économie sociale dans leur sphère d'action.

Par ce mécanisme, le gouvernement se trouvera en position d'étudier et de connaître les efforts, les tendances, les ressources et les besoins du travail national; il sera exactement renseigné sur sa prospérité et ses désastres. Dès-lors lui reviendra la fonction ordonnatrice de directeur intelligent du mouvement économique; il prendra à l'intérieur le rôle de protecteur du travail et d'initiateur du progrès; à l'extérieur celui de régulateur des relations d'économie internationale.

Cette institution serait féconde en bienfaits; elle contribuerait surtout à organiser la paix, qui trouvera une base de stabilité, non dans des mesures de contrainte et de répression, mais dans des institutions qui assureront le bien-être aux masses et établiront un lien de solidarité entre les intérêts des peuples.

COLMAR, Imp. et Lith. de CH.-M. HOFFMANN, imprimeur de la Cour royale. 1847.

www.ingramcontent.com/pod-product-compliance
Lightning Source LLC
LaVergne TN
LVHW011503170726
843501LV00009B/3573
* 9 7 8 2 3 2 9 6 2 4 9 4 5 *